W9-DET-628

PUEDO SER
JUGADOR DE BEISBOL

por Carol Greene

Preparado bajo la dirección de Robert Hillerich, Ph.D.

Traductora: Lada Josefa Kratky
Consultante: Dr. Orlando Martinez-Miller

CHILDRENS PRESS ®

CHICAGO

Library of Congress Cataloging-in-Publication Data

Greene, Carol.
  Puedo ser jugador de béisbol.

  Translation of: I can be a baseball player.
  Includes index.
  Summary: Describes the work and training of a
professional baseball player. Also discusses the
organization of baseball teams and the rules of the
game.
  1. Baseball—United States—Juvenile literature.
2. Baseball—Terminology—Juvenile literature.
[1. Baseball players. 2. Baseball. 3. Occupations.
4. Spanish language materials] I. Hillerich, Robert L.,
1927-   . II. Title.
GV867.G7418   1986   796.357'0973   86-996
ISBN O-516-31845-4

DICCIONARIO ILUSTRADO

Campo de entrenamiento

ejercicio

práctica

informador

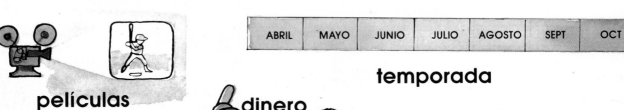

películas

ABRIL	MAYO	JUNIO	JULIO	AGOSTO	SEPT	OCT

temporada

dinero

locutor

profesional

caridad

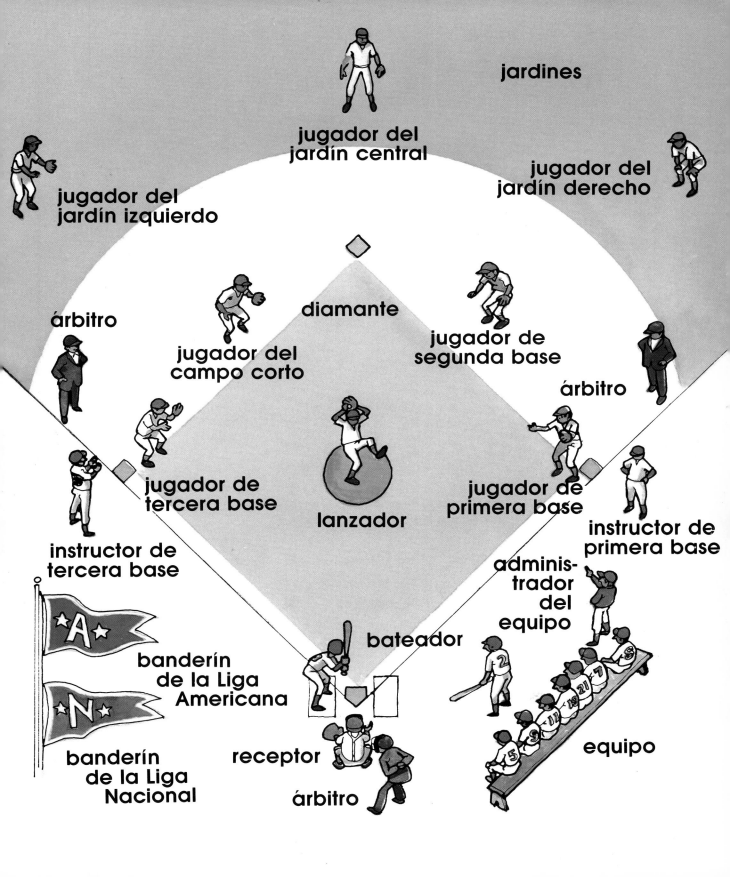

jardines

jugador del
jardín central

jugador del
jardín derecho

jugador del
jardín izquierdo

árbitro

diamante

jugador del
campo corto

jugador de
segunda base

árbitro

jugador de
tercera base

lanzador

jugador de
primera base

instructor de
primera base

instructor de
tercera base

adminis-
trador
del
equipo

bateador

banderín
de la Liga
Americana

banderín
de la Liga
Nacional

receptor

árbitro

equipo

Este equipo de Hawaii ganó el campeonato de la Serie Mundial de la Liga Colt en 1983, en Lafayette, Indiana.

Es divertido jugar al béisbol.
Mucha gente juega al béisbol
para divertirse. A lo mejor tú lo
juegas también.

Pero algunas personas se
divierten y ganan dinero
jugando al béisbol. A estas
personas se les llama jugadores
de béisbol profesionales.

dinero

profesional

Los principiantes (abajo) juegan al béisbol a menudo con la Little League (liga pequeña). Si son buenos jugadores pueden jugar en los equipos de béisbol de la liga menor (arriba) al salir de la escuela.

Este equipo de Puerto Rico ganó el campeonato de la Serie Mundial de la Liga Pony en 1984.

Los jugadores de béisbol juegan en equipos. Un grupo de equipos se llama una liga. Los equipos en una liga compiten unos contra otros.

Hay muchas ligas. Algunas se llaman ligas menores. Sus equipos generalmente compiten en pequeñas ciudades o pueblos.

equipo

EQUIPOS DE BEISBOL DE LAS LIGAS MAYORES

LIGA AMERICANA

División Oriental
los Orioles de Baltimore
los Red Sox de Boston
los Indians de Cleveland
los Tigres de Detroit
los Brewers de Milwaukee
los Yankees de Nueva York
los Blue Jays de Toronto

División Occidental
los Angeles de California
los White Sox de Chicago
los Royals de Kansas City
los Twins de Minnesota
los Athletics de Oakland
los Mariners de Seattle
los Rangers de Texas

LIGA NACIONAL

División Oriental
los Cubs de Chicago
los Expos de Montreal
los Mets de Nueva York
los Phillies de Filadelfia
los Pirates de Pittsburgh
los Cardinals de San Luis

División Occidental
los Braves de Atlanta
los Reds de Cincinnati
los Astros de Houston
los Dodgers de Los Angeles
los Padres de San Diego
los Giants de San Francisco

Pero los mejores
jugadores juegan en los
equipos de las ligas mayores.
Hay dos ligas mayores.
Una es la Liga Americana.

Los lanzadores tratan de lanzar pelotas que los bateadores no pueden batear.

lanzador

La otra es la Liga Nacional.
Cada jugador de un equipo
de béisbol tiene una tarea
especial. Algunos son
lanzadores. Otros son
receptores en el diamante.

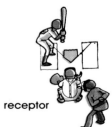

receptor

9

Un jugador de los jardines (arriba) salta para agarrar la pelota. Un bateador está listo para pegarle a la pelota.

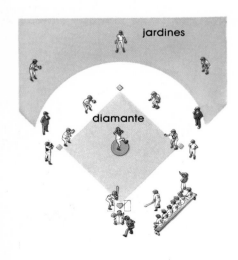

jardines

diamante

Y otros son receptores en los jardines.

Todos los jugadores de un equipo deben batear y tratar de pegarle a la pelota.

Casi todos los jugadores son también buenos bateadores.

Al campo de béisbol se le llama diamante debido a su forma.

Los jugadores de béisbol
deben hacer bien su trabajo.
También deben trabajar
juntos. Deben ser un equipo.

Los jugadores de béisbol deben ser fuertes. Deben hacer ejercicios todos los días.

Los jugadores del béisbol
profesional van a campos de
entrenamiento cada año
en febrero o marzo. Estos
campos tienen lugar en
lugares cálidos, como
en la Florida o en Arizona.

Los jugadores trabajan
mucho en este campo. Hacen
ejercicios. Practican el bateo,
a agarrar la pelota, a lanzar
y a correr.

práctica

ejercicio

campo de entrenamiento

Los instructores les enseñan a los jugadores de béisbol a jugar mejor. El instructor de lanzadores (derecha) le enseña a un joven lanzador a agarrar y a tirar una pelota rápida.

A veces ven películas de
otros equipos. Tratan de
hallar maneras de derrotar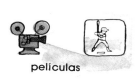
a los otros equipos.

películas

Hay instructores especiales
que ayudan a los jugadores a
lanzar o a pegarle mejor
a la pelota.

El administrador del
equipo ayuda a todos
a trabajar juntos.

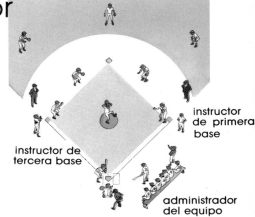

instructor
de primera
base

instructor de
tercera base

administrador
del equipo

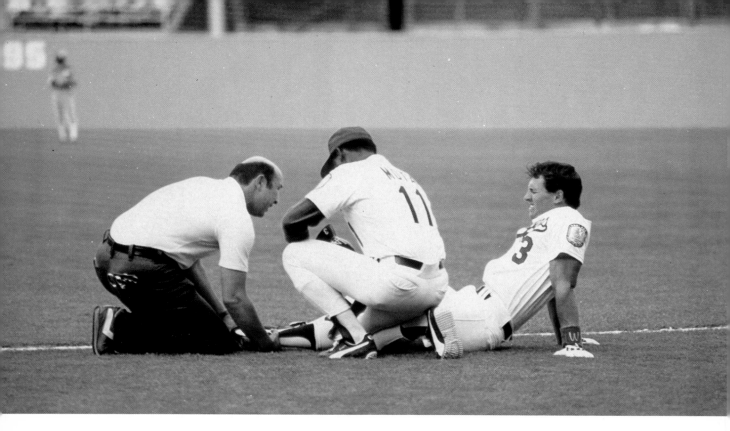

Los entrenadores (arriba) y los instructores (abajo) son miembros importantes del equipo.

Los entrenadores ayudan a
los jugadores que se lastiman.
Si la herida es grave, el
médico del equipo se
encarga de ellos. Al final del
período de entrenamiento, los
equipos empiezan a jugar
entre sí. Entonces, en abril,
comienza la temporada
de béisbol. Dura hasta

ABRIL	MAYO	JUNIO	JULIO	AGOSTO	SEPT	OCT

temporada

fines de septiembre o
principios de octubre.

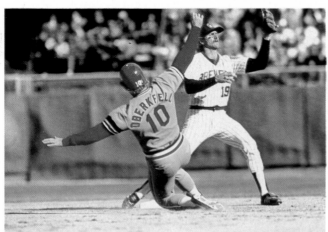

Es emocionante observar a los jugadores de béisbol durante un partido. Deben ser fuertes y rápidos.

Los equipos profesionales participan en 162 partidos durante una temporada. Como la mitad de ellos son en su ciudad natal. Y como la mitad son en otras ciudades.

Al final de la temporada, un

equipo de la Liga Nacional ha
derrotado a todos los otros
equipos de la liga. Gana el
banderín de la Liga Nacional.
Un equipo de la Liga
Americana ha derrotado
a todos los equipos de su

banderín de la
Liga Americana

banderín de la
Liga Nacional

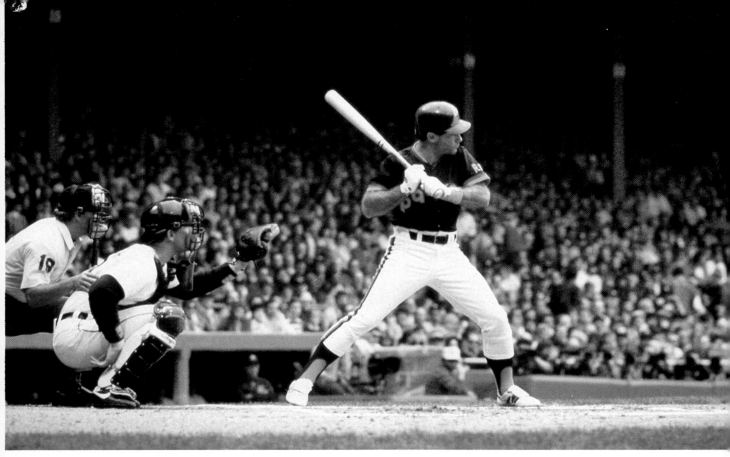

liga también. Este equipo gana el banderín de la Liga Americana.

Entonces estos dos equipos compiten entre sí. Los partidos en que participan se llaman la Serie Mundial.

Los campeones ganan dinero adicional y anillos especiales. Los derrotados también reciben dinero.

Los jugadores de béisbol
profesionales no juegan por
unos cuatro meses al año. No
tienen que trabajar hasta que
comience de nuevo el campo
de entrenamiento en la
primavera.

Pero aun así, algunos
trabajan. Juegan al béisbol

Dos jugadores profesionales aconsejan a unos jugadores jóvenes sobre bateo.

en otros países. Ayudan a los
niños a jugar al béisbol.
Muchos van a la escuela para
aprender cosas nuevas. Otros
trabajan para un negocio o
en obras de caridad.

caridad

Los jugadores de béisbol profesionales deben ser fuertes y rápidos. Deben tener buena vista. Deben mantenerse en buenas condiciones.

Los jugadores deben llevarse bien con los demás. Les debe gustar el trabajo fuerte. Y deben querer ganar.

informador

La mayoría de ellos jugaron en la escuela secundaria o en los equipos de la universidad. Allí, los informadores de béisbol

observan a estos jóvenes
jugadores. Escogen a los
mejores jugadores para los
equipos de liga menor. Si los
jugadores hacen un buen
trabajo, pueden ser invitados
a jugar en un equipo de liga
mayor.

Algunos jugadores de
béisbol juegan por muchos
años y otros por sólo unos
pocos años. Después la
mayoría encuentra otro
trabajo relacionado al
béisbol.

Pueden ser instructores o

Todos los jugadores de béisbol se ponen cascos de seguridad para protegerse la cabeza.

administradores. Pueden ser maestros en escuelas o reporteros deportivos. Pueden ser locutores de radio o televisión.

Algunos jugadores son dueños de restaurantes o de tiendas. Algunos viven en ranchos o granjas.

locutor

Todavía no hay muchas mujeres en el campo del béisbol profesional. La mayoría de ellas juegan al softbol. Probablemente eso cambiará pronto.

Los jugadores de béisbol trabajan mucho. Juegan

cuando hace calor en el
verano o en los vientos fríos de
la primavera. Pero parece que
no les importa.

Eso es porque a los
jugadores les encanta el
béisbol—¡particularmente
cuando su equipo gana!

PALABRAS QUE DEBES SABER

adicional—más de lo usual

administrador del equipo—persona que ayuda a los miembros del equipo a trabajar juntos

banderín—bandera ganada por el mejor equipo de la liga

béisbol—juego que se juega entre dos equipos con bates y pelotas

caridad—grupo que ayuda a los pobres, a los enfermos, o a otros que necesitan ayuda

ejercicio—movimientos especiales para ejercitar el cuerpo

instructor—persona que enseña y entrena a una persona o equipo

entrenador—persona que ejercita y prepara a los jugadores a mantener sus cuerpos en buenas condiciones. Los entrenadores ayudan a los jugadores que se hayan lastimado.

informador—persona que busca buenos jugadores entre los equipos de escuelas secundarias o universidades

lanzar—tirar la pelota

liga—grupo de equipos que compiten entre sí

liga mayor—grupo de equipos en los que compiten los mejores jugadores profesionales

liga menor—grupo de equipos que compiten generalmente en pequeñas ciudades o pueblos

locutor—persona que comenta sobre un partido o da las noticias en la radio o televisión

profesional—persona que a cambio de dinero hace algo que otros hacen como diversión

softbol—juego parecido al béisbol, pero con una pelota más grande

universidad—escuela de educación avanzada, una continuación de la escuela secundaria

INDICE

SOBRE LA AUTORA

Carol Greene tiene títulos en literatura inglesa y musicología. Ha trabajado en programas de intercambio internacionales, como editora y como maestra. Vive ahora en San Luis, Missouri, y se dedica a escribir. Ha publicado más de cincuenta libros—la mayoría de ellos para niños. Otros libros de Childrens Press por la Sra. Greene incluyen *England*, *Poland*, *Japan* y *Yugoslavia* (en la serie Enchantment of the World); *Marie Curie* y *Louisa May Alcott* (en la serie People of Distinction); *Holidays Around the World*, *Robots*, *Music*, *Language*, *The United Nations*, *Astronauts*, *Presidents* y *The Supreme Court* (en la serie Así es mi mundo); *Sandra Day O'Connor: First Woman on the Supreme Court*, y *I Can Be a Football Player*.